24
23
22
21

24 jolies histoires pour attendre Noël

FLEURUS

Illustration de couverture : Virginie Martins-B.

Direction : Guillaume Arnaud, Guillaume Pô
Direction éditoriale : Sarah Malherbe
Édition : Claire Stacino
Direction artistique : Élisabeth Hebert, assistée de Maïté Dubois
Direction fabrication : Thierry Dubus
Fabrication : Sabine Marioni

Site : www.fleuruseditions.com

ISBN : 978-2-2151-3275-2
Code MDS : 652 691

« Loi n° 49-956 du 16 juillet 1949 sur les publications destinées à la jeunesse. »

24 jolies histoires pour attendre Noël

FLEURUS

Sommaire

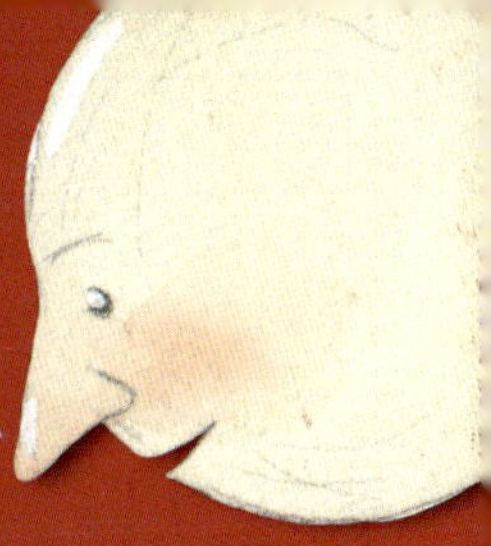

Vingt-quatre jours à attendre

Dans un pays lointain, il y a bien longtemps, un vieil homme arriva avec une charrette bâchée. Il s'arrêta sur la place du village et dévoila une étrange machine.

« Approchez, mesdames et messieurs, et venez admirer la machine de l'Avent ! »

Les gens du village, curieux, s'attroupèrent autour de l'engin. Personne n'avait jamais vu une chose pareille !

« Alors, qui choisira le premier jour ? Et qui prendra le dernier ? »

Les villageois les plus courageux s'approchèrent encore et virent qu'il y avait vingt-quatre casiers numérotés sur la machine.

Finalement, ce fut le petit Renaud, le plus espiègle des enfants du village, qui cria :

« Moi, je prendrai le premier jour ! »

Le premier soir de décembre, vers huit heures , tout le village s'assembla autour de la machine. Soudain, le casier numéro un s'ouvrit, un oiseau mécanique en sortit et déposa une pièce d'or dans la main du petit Renaud, qui rentra chez lui tout content.
« Qui choisira le deuxième jour ? » demanda alors le vieil homme.
Grosjean, le notaire, fut le plus rapide et, à huit heures, le deuxième jour de l'Avent, il reçut deux pièces d'or.
Tout le monde était émerveillé. Dame Sophie, qui était très sage, proposa que les plus riches choisissent les premiers jours et les plus pauvres les derniers.
Tout le monde tomba d'accord.
À ce moment, le galop d'un cheval se fit entendre.
C'était Enguerran le cruel qui arrivait, entouré de ses gardes :
« On me dit qu'il y a ici une machine qui distribue toujours plus d'or ! cria-t-il.
J'en veux ma part, la part du seigneur.
Je prendrai donc le 24 décembre, pour recevoir vingt-quatre pièces d'or, car tel est mon bon vouloir. » C'était injuste, mais Enguerran était un seigneur cruel et tous le craignaient.
Ainsi, le mois passa. Tous les soirs, le miracle se reproduisait, et la famille qui repartait avec les pièces d'or offrait à tous un festin de viandes rôties et de vin doux.

l'attente de Noël.

Le 23, ce fut le mendiant du village qui reçut vingt-trois pièces d'or de l'oiseau mécanique.
Le soir suivant, veille de Noël, Enguerran le cruel revint.
À huit heures, la machine fit du bruit, le dernier casier s'ouvrit, et un oiseau en sortit, tenant dans son bec une lourde bourse d'or.
Mais c'était un véritable oiseau et il s'envola dans les airs, avec les vingt-quatre pièces d'or. Enguerran essaya d'attraper l'oiseau, en vain.
Le vieil homme sourit au milieu des rires des villageois : « Tu croyais que, parce que tu étais le seigneur, la plus grosse part te revenait. Eh bien, non ! La machine donne à qui le mérite. Et toi, tu ne mérites rien. »
De rage, Enguerran s'enfuit au galop.
Et le jour de Noël, autour d'une immense table couverte de mets raffinés, on raconta jusqu'au soir comment Enguerran le puissant avait été trompé par un petit oiseau.

2 décembre

L'elfe de la couronne de l'Avent

« Ho !Hisse ! Ho ! Hisse ! » Paul, Virginie, avec l'aide de Papa, sciaient une branche de sapin dans le jardin pour la couronne de l'Avent.
« Ça ne va pas, non ? dit une voix fluette. Vous êtes fous !
— Qui a parlé ? demanda Papa. C'est toi, Virginie ? C'est toi, Paul ? »
Les deux enfants firent non de la tête.
« C'est moi qui parle, reprit la petite voix. Vous êtes en train de couper la branche sur laquelle j'ai construit ma maison. Un peu plus et vous coupiez ma maison en deux ! »

Papa, Paul et Virginie se penchèrent vers la branche, intrigués, et, en écarquillant les yeux, ils finirent par apercevoir un petit elfe ailé, rouge de colère, les poings sur les hanches.
« Excusez-nous, monsieur l'elfe, dit Papa, mais nous ne savions pas que vous aviez élu domicile dans notre sapin. Pour nous faire pardonner, nous vous invitons à préparer et passer Noël à la maison ! »

au chaud, cela lui ferait des vacances. Il fit son baluchon, ferma à double tour sa maison et suivit la petite famille. On lui installa un petit lit dans une coquille de noix au salon. Mais l'elfe avait bien l'intention de mettre l'aile à la pâte dans la préparation de Noël. Il aida à décorer, et c'était bien pratique d'avoir un elfe qui savait voler pour mettre l'étoile tout en haut du sapin ! Il fit des sablés, tricota des chaussettes de Noël, bref, il s'activait toute la journée !

Le soir de Noël arriva enfin. Alors que les enfants dormaient sagement dans leur chambre, le petit elfe, dans sa coquille de noix, fut réveillé par un grand bruit et un nuage de suie : un vieux monsieur, tout de rouge vêtu, avec une énorme barbe blanche, venait d'entrer dans la pièce par la cheminée.

« Ils auraient pu ramoner leur cheminée, ici,
nom d'un renne ! J'ai eu du mal à passer avec ma hotte !
Et tonnerre de bougies de Noël, j'ai cassé mes lunettes !
Je n'y vois pas plus loin que le bout de mon nez !
Si seulement quelqu'un pouvait m'aider », ronchonna dans
sa barbe le vieil homme.
Le petit elfe s'approcha : « Moi, je peux t'aider, si tu veux ! »
Le père Noël (car c'était bien lui) regarda ce petit elfe,
pas plus haut qu'une bougie : « Toi ? Tu es si petit,
comment pourrais-tu m'aider ?
— Je pourrais d'abord te lire les listes, puisque tu as
cassé tes lunettes. Ça t'évitera des erreurs. Et je pourrais
passer avant toi dans les cheminées et ramoner un peu, si
cela n'a pas été fait. Et plein d'autres choses encore ! »
Le père Noël est épaté.
« Mais c'est super ! Nous allons faire une fine équipe,
toi et moi. »
Et le père Noël, ragaillardi par cette rencontre, partit
avec le petit elfe.

Et c'est depuis ce jour que les elfes sont entrés pour
toujours au service du père Noël, qui est très content
de leur travail et de leur aide précieuse.
Tellement content qu'il ne ronchonne plus jamais,
enfin presque !

3 décembre

Le royaume des bonshommes de neige

Mattéo et Léo avaient fait un gros bonhomme de neige au milieu du champ. Il avait un nez carotte, des yeux clémentines, une bouche abricot sec, des cheveux haricots verts, des bras balais et, comme accessoires, le nouveau bonnet de Léo, les gants de ski de Mattéo et son écharpe bleue.
Ils avaient joué avec lui tout l'après-midi, et le bonhomme de neige était heureux. La nuit vint, et le bonhomme de neige se sentit un peu seul.
Il eut du mal à s'endormir et attendit avec impatience le lendemain. Mais les deux amis n'arrivèrent qu'après l'école et ne restèrent que jusqu'au dîner.
Et le bonhomme de neige fut de nouveau seul.
Au bout de deux jours, il était triste comme une congère.
« Ça ne va pas, bonhomme de neige ? lui demandèrent les deux amis.
— Les garçons, sans vouloir vous vexer, je commence à m'ennuyer tout seul dans mon champ. Je vous attends toute la journée et je ne peux pas bouger. J'irais bien voir un peu de pays et me faire des amis.
— D'accord, répondirent les deux copains. Nous allons t'aider. »

Les deux garçons essayèrent de le mettre dans une brouette, mais le bonhomme de neige était trop lourd. Ils décidèrent de l'installer sur leur luge, mais elle était trop petite.
« Il faut lui chausser mes skis, dit Léo. Il descendra la pente tout seul. »
Léo alla chercher ses skis et les glissa, non sans peine, sous le bonhomme de neige.
« Tiens, mes bâtons, dit Léo, pour tourner, ça aide. Et mon masque, pour voir le relief. Et pour s'arrêter, chasse-neige, les skis en V.
Bon courage et à un de ces jours ! »

Et Léo lâcha le bonhomme de neige qui partit à toute vitesse, tout droit. Il franchit la clôture, traversa la route, évita de justesse une voiture, entra dans un jardin, frôla un sapin, sortit par le portillon du fond, en équilibre sur un ski. Mais là, les choses se compliquèrent. Il arriva dans le jardin d'enfants, prit le toboggan à l'envers et fit un vol plané spectaculaire.

Mattéo
et Léo,
coururent vers
le champ
où le bonhomme de neige était tombé. Ils trouvèrent les skis,
le masque, l'écharpe et le bonnet, mais point de bonhomme de neige.
« Ça alors ! Il a disparu ! »
Disparu ? Vraiment ? Ça non ! Quand le bonhomme de neige se réveilla,
mille flocons tournaient autour de sa tête. Il écarquilla ses yeux clémentines
et vit des dizaines de bonshommes de neige autour de lui.
« Où suis-je ? demanda-t-il.
– Au royaume des bonshommes de neige. Les enfants croient que nous avons
disparu, mais nous vivons là, tous ensemble. Allez, chausse tes nouveaux skis !
À voir ta chute, tu as encore des progrès à faire ! »
Et le bonhomme de neige s'élança, soutenu par ses nouveaux amis.

4 décembre

Un gâteau bien mystérieux

Aujourd'hui, c'est un grand jour : Odette la taupe reçoit ses amis pour le goûter de Noël. Les truffes sont prêtes, les sablés sont bien grillés, le pain d'épices est un délice... et elle veut leur concocter son fameux gâteau italien.

Mais... catastrophe ! Odette a perdu ses lunettes, et elle ne voit pas plus loin que le bout de son petit nez. Comment faire ? Odette rouspète, Odette tempête.

Sans gâteau, le goûter va être raté !

Le temps presse. Odette a une idée.

Elle va cuisiner à l'odeur, grâce à son petit bout de nez.

Cric, crac, elle casse les œufs.

« Hum, se dit-elle en furetant dans le placard, voici le sucre et puis le sel…

Miam, une farandole de fruits confits, c'est toute l'Italie. » Elle mélange le tout dans une grande jatte.

Elle ajoute lait, beurre, eau…

Son petit bout de nez couvert de farine, Odette retient un atchoum et dit : « Voilà ce qu'il manquait ! » Deux gouttes de vanille pour parfaire la recette : Odette est satisfaite. Elle donne un bon coup de cuillère, verse le tout dans un moule, décore le gâteau d'une belle couche de pâte d'amandes et... hop ! au four ! Odette se presse et dresse une belle table de fête. Dring ! La sonnette de la galerie retentit. Hubert le lièvre, Jasmine la fouine, Marinette la belette, tous ses amis sont là. À peine arrivés, ils se regardent étonnés. Sans ses lunettes, Odette s'est trompée. Elle a servi le pain d'épices sur une assiette ébréchée et présenté les sablés et les truffes dans la gamelle du chien ! Les amis retiennent un fou rire. Mais voilà qu'Odette apporte un fabuleux gâteau encore fumant.

Elle glisse un couteau dedans.
Mais crac, la lame bute contre quelque chose de dur. « Je n'ai pourtant pas mis de noisettes ! » dit Odette. Hubert lui vient en aide. Il a beau insister, le gâteau lui résiste. Marinette propose : « Si on regardait à l'intérieur ? »
Elle glisse ses petits doigts potelés dans le gâteau et en sort une paire de lunettes pleines de miettes.
« Bravo, Odette, ton gâteau aux lunettes est vraiment très bon, dit-elle en se léchant les doigts. Mais pour voir, tes lunettes seront mieux perchées sur le bout de ton petit nez ! »
Les amis partent dans un grand éclat de rire.

Cette année, le goûter de Noël
est vraiment très réussi !

L'aventure des jouets

« J'en ai assez de cette ficelle qui me fait lever et baisser le bras en cadence, comme une marionnette, dit l'ours brun de la vitrine de Noël. Je commence à avoir des crampes.

– Et moi, j'en ai assez de tourner toujours dans le même sens sur ces rails, dit le train électrique. Le soir, j'ai un mal de locomotive incroyable.

– Et moi donc ! ajoute la poupée. Je me balance toute la journée dans ma nacelle, ça me donne mal au cœur !

— Les amis, il faut que nous sortions de
cette vitrine, que nous allions prendre l'air et nous
dégourdir les pattes et les essieux, sinon nous allons
tous tomber malades !
— Mais comment faire ? demande la poupée.
Nous ne pourrons pas nous libérer tout seuls !
— Moi, je peux vous aider ! dit la petite voix de Tom,
le bonhomme en plastique qui conduit le camion de travaux.
Comme je suis tout petit, ils ont oublié de m'attacher !
Cette nuit, je vous libère, et demain, je vous rattache
comme avant, ni vu ni connu !
— Tu es sûr que tu ne te mélangeras pas les boulons,
avec tous ces fils qui vont dans tous les sens ?
— Faites-moi confiance ! »
Le soir venu, le remue-ménage commence
dans la vitrine des jouets. Tom défait un nœud par-ci,
coupe un fil par-là, arrête le train, fait descendre
la poupée de sa nacelle…
« À vous la liberté ! Mais attention, les jouets, revenez
avant minuit, parce qu'il me faudra du temps pour
tout réinstaller.

— D'accord, Tom ! Allons-y, les amis, partons à la découverte de la ville illuminée. En avant ! » crie l'ours brun.

La petite troupe des jouets sort sans peine du grand magasin en utilisant un conduit d'aération. Toboggan et atterrissage sur le trottoir !

« Oh ! Comme c'est beau ! Les rues sont toutes décorées ! Toute la ville fête Noël !

— Eh, regardez là-bas, la fontaine est éclairée ! »

Tous les jouets se jettent dedans et font une énorme bataille d'eau. Quand ils reviennent, il est minuit passé et Tom n'est pas content : « Vous avez vu l'heure ! Et dans quel état vous êtes ! Tout trempés ! »

Les jouets n'écoutent pas, ils n'ont qu'une envie : dormir, et rêver aux mille lumières de la ville.

Tom a du mal à attraper leurs bras pour rattacher les ficelles, à remettre le train sur ses rails.

Et le lendemain, les enfants sont bien surpris en regardant les vitrines : l'ours lève le bras vers l'arrière dans le mauvais sens, le train tourne bien, mais c'est le dernier wagon qui conduit ! Quant à la poupée, elle était si fatiguée qu'elle est montée à califourchon sur son berceau ! C'est du beau !

« Ça, c'est une drôle de vitrine de Noël », dit un petit garçon à sa maman.

Les jambons de saint Nicolas

« Bonjour, je suis Picotin, l'âne de saint Nicolas ! C'est moi qui le porte sur mon dos quand il vient visiter les maisons, au mois de décembre. Alors, imaginez toutes les aventures qui me sont arrivées, avec un maître pareil… Tenez, je me souviens d'une histoire incroyable : Claudion, Philippe et Simon étaient les fils d'un brave bûcheron.
De très gentils enfants.
Un jour, mon maître, déguisé en mendiant, cherchait une maison où passer la nuit.
Le bûcheron et sa femme furent les seuls à lui ouvrir leur porte. Ils lui préparèrent un bon dîner et le firent dormir dans un lit moelleux. Moi aussi, je fus très bien traité ! Claudion et Philippe m'ont donné plein d'avoine dans l'étable. Et Simon, sans compter son temps, m'a frotté de bon cœur le dos avec de la paille.
Mon maître était très touché du si bon accueil de ces braves gens, et il espérait bien pouvoir les remercier un jour.

Or, peu de temps après, ce fut la saison de la moisson. Le bûcheron demande à ses fils d'aller ramasser les grains de blé. Les trois garçons y vont de ce pas. Mais ils ne voient pas le temps passer, et voici que la nuit est tombée. Impossible de rentrer chez eux, ils se sont perdus ! Soudain, Philippe dit à ses frères : “ Regardez, une lumière brille au loin ! Ce doit être une maison. Allons-y. ” Arrivés devant la maison, un grand et gros monsieur ouvre la porte. Simon lui demande : “ Monsieur, nous sommes perdus. Pourrions-nous dormir chez vous ? ” L'homme, qui était boucher, les invite à entrer. Mais aussitôt que la porte est refermée, le boucher les tue et les met dans son saloir, avec les jambons. C'était un ogre ! Sept ans plus tard, mon maître retourne chez le bûcheron qui l'avait bien accueilli. Mon maître s'étonne de l'absence des gamins. La malheureuse mère éclate alors en sanglots et lui raconte qu'ils ont disparu depuis sept ans.

Le soir, mon maître prie de tout son cœur. Puis, sautant sur mon dos, il me glisse à l'oreille : " File à l'autre bout de la forêt. Je sais où sont les enfants. " Presque arrivés chez le boucher, mon maître remet ses habits dorés d'évêque. Il sait bien qu'habillé en mendiant le méchant boucher ne lui ouvrirait pas la porte ! Il frappe, le boucher lui ouvre. En voyant les beaux habits de l'évêque, il l'invite à dîner. C'est un magnifique festin que le boucher a préparé ! Mais mon maître n'en veut pas. Il dit au boucher : " Si tu veux me faire plaisir, donne-moi de ces délicieux jambons salés qui se trouvent dans ton saloir depuis sept ans. " Le boucher blêmit. Il est démasqué ! Aussitôt, il s'enfuit en courant. Mon maître va alors dans le saloir et lève trois doigts sur les trois jambons : et aussitôt après, ce sont Claudion, Philippe et Simon qui bâillent, s'ébrouent, comme s'ils se réveillaient d'un somme… Nous filons vers la maison de leurs parents : et ce fut alors des embrassades et une fête mémorable. »

7 décembre

Le Noël des vieux jouets

Dans la chambre à coucher, il fait noir depuis longtemps. Katia dort paisiblement : c'est l'heure où ses jouets commencent à discuter. Cette nuit, c'est Henri, le cheval à bascule, qui s'adresse à Sophie, la jolie poupée brune de Katia, celle qu'elle a reçue à Noël l'an dernier. « Sophie, nous avons décidé de te dire un secret. Tu te souviens de Noël, quand Katia t'a trouvée dans un paquet entouré de rubans ?

— Oh oui, monsieur Henri.

— Eh bien, Sophie, dans une semaine, ce sera de nouveau Noël et Katia recevra de nouveaux jouets. Alors, il se passera avec toi ce qu'il s'est produit pour nous : Katia va t'oublier. »

Sophie éclate de rire : « Bien sûr que non,
Katia ne va pas m'oublier. Elle s'occupe
de moi comme une vraie petite maman. »
Mais Henri lui répond : « Moi, quand
elle avait deux ans, elle faisait de longues
chevauchées sur mon dos de bois.
Et puis, un jour de Noël, elle m'a
abandonné, à cause du tricycle. »
Roger le tricycle avance sur ses trois roues.
« C'est vrai, dit-il, un jour de Noël je suis entré dans
sa vie, et Katia a roulé sur moi pendant deux ans.
Et puis, un jour de Noël, il y a eu le vélo,
et elle ne m'a plus jamais parlé... »
Sophie se bouche les oreilles, elle ne veut pas les croire.
Elle se rappelle du Noël de l'année dernière :
il y avait l'odeur du sapin, les bougies... et Katia,
cette jolie petite fille, l'avait prise dans ses bras.
Elle lui avait donné son nom – Sophie – et lui avait dit
qu'elle serait sa maman pour toujours.
Est-ce que Katia avait menti ? Noël est-il vraiment
le plus triste des jours pour les vieux jouets ?
Sophie la poupée veut en avoir le cœur net.

Sans un bruit,
elle s'approche du bureau.
C'est là que Katia a laissé
la lettre qu'elle va bientôt
envoyer au père Noël.
Sophie monte sur le dos
d'Henri, attrape le papier.
Le vieil ours chausse
ses lunettes et commence à lire :
« Cette année, Katia a demandé beaucoup de jouets. Des puzzles, de la peinture, un déguisement de fée… » Sophie dit à ses amis : « Vous voyez, rien ne va me remplacer. » Mais l'ours lui répond : « Attends, Sophie, il reste deux choses sur la liste. » Tous les jouets retiennent leur souffle. Et l'ours lit : « Une nouvelle poupée, toute blonde. » Le cœur de Sophie se serre. Elle sent des larmes lui monter aux yeux. Puis le vieil ours lit la dernière ligne : « Une robe neuve pour ma poupée Sophie. » Alors, les larmes de Sophie se transforment en sourire. Cette année, à Noël, elle aura de nouveaux habits… Et en plus, Katia va lui offrir une petite sœur !

Le distrait et les santons

La lueur de la lampe vacille et tremble. La nuit est tombée, les flocons continuent de voleter dehors.

Robert sculpte rapidement, il a sommeil. Cela fait des années qu'il travaille à fabriquer et vendre des crèches. Il a des dizaines de santons, et il ne leur reste plus qu'à rejoindre une maison chaude, pour fêter Noël en famille. Mais pour l'instant, ils grelottent dans le froid et la pénombre de l'atelier. Robert est pressé, vite, vite. Ses doigts et ses outils connaissent le travail. Ça coupe, ça lime, ça rabote. Le sculpteur ne regarde même plus, il sifflote, perdu dans ses souvenirs : il se souvient de la première crèche qu'il a déballée, enfant.

Il regarde l'horloge, se lève… Demain, il peindra la vingtaine de santons qu'il vient d'achever. Il sort.

Dans le noir de l'atelier, les santons se secouent, ils ont des crampes à force de faire semblant d'être figés.

Sur l'établi, les derniers personnages sculpté, se plaignent.

« Bêêêê, il a oublié de me faire une queue. Il travaille trop vite… » gémit le mouton.

Un berger le rassure : « Bah, ce soir, il était distrait. Demain, il s'apercevra de son erreur, au moment de te peindre, et il te rattrapera. Tu seras prêt pour accueillir l'enfant… Mais moi, il ne remarquera pas qu'il m'a fait l'air triste. Alors, je resterai ainsi, même devant les cadeaux. »

Joseph l'interpelle de sa belle voix grave :

« Ne te plains pas. Moi, il m'a collé un sourire stupide aux lèvres…

– Meuuuh, meugle le bœuf.

– Robert lui a sculpté un pis, explique l'âne. Il ne veut pas être pris pour une vache. Il faut faire quelque chose… »

Alors, les santons se secouent.

Ils n'ont que quelques heures avant de rejoindre les étals des marchands, puis de trouver une maison.
L'atelier s'emplit de vacarme. La scie, les ciseaux et la lime travaillent… Le matin, Robert prend ses couleurs, ses pinceaux, son vernis. Pressé par sa commande, il ne remarque rien…
Trois jours plus tard, dans la maison où ils se sont retrouvés, les santons rescapés en rient encore… À la lueur des guirlandes électriques, il faut vraiment les regarder de près pour comprendre. On s'aperçoit alors que la queue du mouton ressemble à une oreille d'âne. Elle est où la queue du mouton ? Sur la tête de l'âne ! Joseph, le père de Jésus, a bien l'air un peu grave, mais cela va bien à sa situation, et le berger qui sourit tout le temps, au milieu des brebis, personne ne lui trouve l'air bête : ils ont échangé leurs visages ! Quant au pis du vieux bœuf, il a complètement disparu… À moins que ce ne soit cela, ce nouveau bonnet avec trois pompons sur le crâne de l'Arlésienne…

9 décembre

Le sapin des castors

Les castors regardaient tristement le torrent gelé. Il avait fait si froid cette année que des blocs de glace empêchaient l'eau de couler. Les castors n'avaient plus rien à faire.

« Grand castor, on s'ennuie ! Qu'est-ce qu'on pourrait bien faire ?

– C'est bientôt Noël, dit la petite voix du bébé castor Victor. On pourrait aller chercher un sapin dans la forêt et le décorer !

– Mais c'est une très bonne idée », dit Grand castor.

Et une heure après, toute la tribu des castors était prête, raquettes aux pattes, bonnets sur la tête, et se mettait en route, à la recherche d'un sapin. Mais aucun ne leur plaisait : « Trop petit ! Trop grand !

Trop jaune ! Trop bleu ! Trop touffu ! »
Il y avait toujours quelque chose qui n'allait pas.
Mais soudain, tous les castors s'arrêtèrent, bouche bée, devant un magnifique sapin vert, le plus majestueux de toute la forêt.
« Il est superbe ! dit Grand castor. Bon, Igor, à tes quenottes. Tu nous le découpes clair, net et sans bavures ! »
Tac, tac, tac, Igor essaya, mais l'écorce était trop dure.
« Je n'y arrive pas, c'est comme si ce sapin était en fer !
— Pousse-toi de là, freluquet, dit Fédor, je ne vais en faire qu'une bouchée de ce sapin, moi ! »
Et Fédor s'attaqua au tronc du sapin, mais sans plus de succès.
Soudain, une voix retentit dans la forêt :
« Vous n'en avez pas assez de me mordre ! Ça commence à m'énerver ! Un coup de dents en plus dans ma belle peau, et je vous envoie une rafale de pommes de pin, compris ?
— Qui parle ainsi ? demanda Grand castor, un peu inquiet.
— C'est moi, le sapin parlant de la forêt.
— Un sapin qui parle ! Nous avons trouvé un sapin magique ! Quelle chance ! s'écria le petit Victor.

— Oui, mais il n'a pas l'air de vouloir
qu'on le découpe et qu'on
l'emporte à la maison,
chuchota Grand castor.
Et je ne tiens pas à me faire assommer
par une pluie de pommes de pin !
— Je sais ! Je sais ! cria le petit Victor.
Si le sapin ne veut pas bouger,
c'est nous qui allons venir !
On va installer nos tentes autour de lui et fêter Noël ici !
— Excellente idée, Victor ! dit Grand castor.
Monsieur sapin, cela vous dirait de passer Noël en notre compagnie ?
— J'accepte avec plaisir votre invitation.
Cela me changera des Noëls précédents, où j'étais le seul à parler ! »
C'est ainsi que tous les castors montèrent leurs tentes autour du sapin qu'on décora de pommes de pin et de serpentins en copeaux de bois. On fit un grand feu, on y grilla des saucisses, on chanta. Grand castor raconta des histoires de castors et le sapin, des histoires de sapins.
« C'est assurément le plus beau Noël qu'on ait jamais eu, de mémoire de castors et de sapins réunis », dirent-ils en chœur.

L'album photos du père Noël

Au royaume du père Noël, Mastro et Lindo, les deux elfes de ménage, bavardent gaiement : « Heureusement que nous sommes là pour aider le père Noël. Vu son grand âge,
il ne pourrait pas s'en sortir tout seul ! dit fièrement Lindo.

– Pourquoi, tu lui donnes quel âge, toi, au père Noël ? demande Mastro.

– Je ne sais pas… Je l'ai toujours connu avec sa barbe blanche. Tu crois qu'il a été bébé, comme tout le monde ? »

Mastro sourit mystérieusement et lui répond :
« Viens avec moi, je vais te montrer quelque chose, mais… chut ! c'est un secret ! »

Les deux elfes traversent l'immense atelier des jouets : la chambre des doudous qui apprennent des câlins tout doux, la salle des vaisseaux spatiaux où ont lieu des essais de vols intergalactiques. Ils arrivent enfin devant une porte rouge. Mastro chuchote à son compagnon : « Viens avec moi dans cet endroit magique. C'est la chambre à secrets du père Noël ! »

Ils entrent à pas de loup dans une pièce sombre où l'on ne voit rien du tout. Mastro demande à haute voix de la lumière et l'album photos. Aussitôt, une lampe de chevet s'allume et un album photos s'agite et s'ouvre sur la première page.

Lindo s'exclame : « Mais ce petit bébé qui dort à poings fermés dans son berceau rouge est le père Noël ! »

Le petit enfant de la photo leur répond : « Eh oui, c'est bien moi, le père Noël, et je vais vous raconter mon histoire. »

Lindo est émerveillé, c'est la première fois qu'il voit un livre animé.

« Voici la fête d'anniversaire organisée pour mes cinq ans, continue le père Noël, j'étais très fier avec ma belle salopette rouge. »

L'album photos continue de tourner les pages, pour le plus grand bonheur de Lindo.

«Ici, j'avais vingt ans. Je n'avais pas encore un seul poil
de barbe, et mes cheveux étaient tout roux. »
Et les images défilent inlassablement…
« Sur cette photo, j'avais trente ans, et un marteau à la main.
Quand j'étais jeune, j'étais menuisier : je construisais des bancs,
des chaises, des lits. Mais ce que je préférais fabriquer,
c'étaient des jouets. J'étais vraiment très doué !
Et là, regardez le beau traîneau sur lequel je suis juché !
C'était moi le plus rapide à la course des rennes,
mes animaux préférés, lance fièrement le père Noël.
— Et voici le plus mémorable des anniversaires.
À cette occasion, on m'a offert mon beau costume de…
père Noël, évidemment. Et ainsi, termine-t-il en refermant
l'album, un beau jour, j'ai décidé d'être père Noël,
pour le bonheur des petits et des grands ! »

11 décembre

Le cerf de Noël

Martin et Clémentine sont en train de préparer le sapin de Noël. Ou plutôt, ils essaient… Car, tandis qu'ils installent les boules et les guirlandes, ils sont sans cesse interrompus. Toutes les trois minutes, en effet, le vieux cerf Léonce vient cogner du sabot à leur porte, en pleurnichant. La truffe humide et basse, il leur dit : « Les faons n'ont plus le temps d'écouter mes histoires, ils ne pensent qu'au père Noël. »

Et puis encore : « Les jeunes cerfs n'ont plus le temps de mâcher des écorces avec moi, ils ne pensent qu'au repas de Noël. »

Et il pousse des brames tristes à pleurer. Après deux heures de ce remue-ménage, Martin et Clémentine en ont assez. Martin sort sur le seuil de la chaumière, il prend sa plus grosse voix et il dit au vieux cerf : « Écoute, Léonce, ça suffit. Tu vois bien que nous avons à faire. Ce n'est pas notre faute si tu n'aimes pas Noël… » Et il claque la porte.

Maintenant, Martin et Clémentine ont terminé de préparer le sapin.

C'est un arbre magnifique, avec une belle étoile dorée au sommet, de magnifiques boules qui rutilent à l'extrémité de chaque branche et des guirlandes de couleur qui égaient l'atmosphère.

Martin est satisfait. Ils ont bien travaillé. Mais au moment où il se retourne pour féliciter sa petite sœur, il voit deux larmes rouler sur les joues de Clémentine. C'est sûrement à cause du vieux cerf Léonce qu'on entend encore gémir, dehors…

Martin dit à Clémentine : « Ne laisse pas ce râleur nous gâcher notre joie. C'est bien la seule personne que je connaisse, homme ou animal, qui n'aime pas Noël. »

Mais Clémentine lui dit : « Tu étais moins sévère avec lui quand il nous promenait sur son dos, cet été. »

Et elle éclate en sanglots.

Martin sent également une grosse boule monter dans sa gorge. Au fond, il sait bien que sa sœur a raison et qu'il a été injuste avec leur compagnon.

Que peuvent-ils entreprendre pour se faire pardonner ? Martin a une idée. Les enfants enfilent leurs manteaux, sortent dans la nuit chercher le cerf et se mettent au travail.
En se hissant sur la pointe des pieds, Martin fait courir une guirlande sur les bois de Léonce et épingle l'étoile dorée sur le haut.
Sa sœur y fixe des bougies et entoure l'encolure d'un beau ruban d'argent.
Puis les enfants accrochent une grosse boule rouge au bout de chaque oreille de l'animal.

Et Clémentine ajoute même un petit père Noël à l'extrémité de la queue du vieux cerf.
Martin dit à Léonce : « Décoré comme cela, tu serviras de sapin de Noël ambulant à tous les animaux de la forêt. » Léonce bondit de joie : « Maintenant que j'adore Noël, est-ce que je pourrais goûter un peu de la dinde de Noël ? »

12 décembre

La grande nuit des lutins

Au pays des lutins d'en haut, tout là-haut, dans les nuages, on s'agite, on se bouscule ! Cette nuit, les lutins d'en haut s'apprêtent à envoyer leurs cartes de vœux aux lutins d'en bas. Chacun à leur tour, ils détachent un petit morceau de nuage et, tout doucement, lui chuchotent un message de paix destiné à leurs frères de la Terre.

« Joyeux Noël et que l'année soit douce, murmure Bouboule, le lutin joufflu.

– Paix et amour », susurre Fil de Fer, le lutin maigrelet.

Dame Lune, ronde pour l'occasion, surveille les opérations.

« Préparez-vous, dit-elle, plus qu'une minute avant minuit ! »

Tout là-haut dans le ciel, des milliers de lutins s'assoient tout autour des nuages, gardant précieusement dans le creux de leurs petites mains leur minuscule morceau de nuage.

Tout à coup, Dame Lune lance le signal de départ : « Un, deux, trois, soufflez ! »

Les lutins, les joues gonflées comme de petites billes, s'époumonent et envoient tous ensemble leur morceau de nuage-carte de vœux en direction de la Terre.

C'est la plus belle averse de neige de l'année, éclairée par Dame Lune. En bas, les lutins de la Terre sortent de leurs cachettes. Vêtus des rayons de la lune, chaussés de bottes de cristal, nul ne saurait distinguer les lutins d'en bas sur la neige. Pourtant, ils sont des milliers à récolter leurs cartes de vœux dans leurs petites mains. Ils les approchent du creux de leurs minuscules oreilles et écoutent le message des flocons.

« Youpi, Bouboule me souhaite un merveilleux Noël, déclare Berlingot.

– Et moi, Fil de Fer m'envoie paix et amour », ajoute Baudet.

Quand ils ont tous terminé leur lecture, ils forment une grande ronde en chantant leur ritournelle :
« Nous sommes les lutins d'en bas, êtres de lune et de cristal, après les cartes de vœux, nous pouvons ouvrir le bal ! »
Toute la nuit, les lutins d'en bas dansent et tournoient sur la neige.
Du haut de leurs nuages, les lutins d'en haut, qui ont la vue perçante, leur adressent de grands signes.
Mais les lutins d'en bas ne les voient pas !
Bouboule gesticule tant et tant qu'il manque tomber dans le ciel. Heureusement, Dame Lune le rattrape par la peau du dos.
« Eh bien, Bouboule, sourit Dame Lune, tu te prends pour un flocon-carte de vœux ! »
Dame Lune lui adresse alors un clin d'œil qui, durant quelques instants, plonge les lutins d'en bas dans le noir.
« Il est temps d'aller nous coucher », déclarent-ils, et tous les lutins se précipitent dans leurs cachettes.

13 décembre

La fête de Lucie la luciole

Lucie la luciole a le cœur lourd, aujourd'hui. Ce soir, c'est la Sainte-Lucie : tous les animaux de la forêt vont faire la fête toute la nuit. Mais, pour Lucie, pas de descente aux flambeaux, pas de ballet avec les autres lucioles.

« Ce soir, tu restes à la maison avec Grand-mère, dit Maman. Tu es trop petite pour danser toute la nuit !

– C'est vrai, tu es un gros bébé, dit Grand frère. Tu ne sais même pas encore faire de la lumière la nuit ! »

Pauvre Lucie ! Elle voudrait tant danser avec les autres lucioles. À la nuit tombée, Grand-mère arrive. « Bonjour, ma Lucie. Je t'ai préparé un dîner de rêve : fondue au chocolat et chamallows grillés, à volonté. Tu ne vas pas être déçue de ta soirée ! Tiens, regarde, voilà ton petit ami Louis.

— Bonjour, jolie demoiselle. Je suis le chevalier Louis, papillon prince de la nuit, à votre service ! »
Tout joyeux, le papillon fait le pitre et vole autour de Lucie, qui rit.
C'est la fête. Toute la maisonnée est surexcitée et Maman multiplie les recommandations : « Les garçons, brillez de tous vos feux ! Les filles, soyez légères comme des plumes. Faites honneur à la grande famille des lucioles ! » Puis elle se tourne vers Lucie et Louis : « Et vous, mes chéris, soyez bien sages. »
Lucie acquiesce, avec un petit pincement au cœur.
Heureusement qu'il y a Louis et les sucreries de Grand-mère !
« Allez, les lucioles, on y va ! dit Maman en s'envolant dans la nuit.
— Alors, les grands, dit Grand-mère. Venez voir, le spectacle commence... »
Confortablement installés devant la fenêtre, Lucie et Louis ne perdent pas une miette du spectacle... ni du bon dîner sucré de Grand-mère. Les deux amis regardent la forêt s'illuminer peu à peu. Tous les animaux ont mis des lampions devant leur fenêtre pour fêter la plus longue nuit de l'hiver. « Ça y est ! C'est la descente aux flambeaux ! » s'exclame Louis, la bouche pleine de chamallows fondants.

Lucie se dresse sur la pointe des pieds, pour mieux voir. Toutes les jeunes filles de la forêt, couronnées de fleurs blanches, descendent sur des traîneaux, guidés par les garçons qui portent les flambeaux. Dans la nuit, les lucioles commencent à danser. Légères, aériennes, on dirait des étoiles qui scintillent dans le ciel.

« Tu sais, Louis, je crois qu'on voit tout bien mieux d'ici. C'est fa-bu-leux ! »

Comme c'est beau ! Lucie est si heureuse qu'elle croit que son cœur va éclater de bonheur. Alors, arrive ce que Lucie attendait depuis si longtemps. Une douce chaleur envahit son corps. Et Lucie se met à briller comme une étoile dans la nuit.

« Oh, Louis, regarde, ça y est, je sais faire de la lumière dans la nuit ! »

Louis ne répond pas. Il regarde son amie Lucie, qui resplendit de bonheur. Elle brille, Lucie, et elle est si jolie, que Louis ne sait plus quoi dire. Alors, tout doucement, il dépose un baiser sur sa joue et lui dit :

« Bonne fête, jolie Lucie. Ce soir, c'est toi la reine de la Sainte-Lucie. »

Un sapin décoré pour l'écureuil

« Alors, comment vais-je décorer mon sapin cette année ? se demandait l'écureuil, bien au chaud dans son tronc d'arbre à étages aménagé. Avec toutes les décorations que j'ai récoltées pendant l'année, je peux le faire rouge et doré, ou bleu et argenté, ou avec des boules de toutes les couleurs et du pain d'épices en forme de cœur. J'ai l'embarras du choix.

Mais qui va là ? demanda l'écureuil, entendant qu'on frappait à sa porte.

– C'est moi, le Docteur hibou. Les animaux de la forêt m'ont dit que tu avais plein de décorations de Noël dans ta maison. Avec cette épidémie de grippe, je n'ai pas eu une minute pour faire mon sapin. Je peux t'emprunter deux ou trois bricoles ?

– Mais bien sûr, dit l'écureuil. Tiens, prends ça, et ça, et ça, de quoi faire un beau sapin rouge et doré. »

Le Docteur hibou eut du mal à s'envoler pour retourner chez lui avec plein de décorations sous chaque aile !

« Qu'est-ce que c'est ? demanda l'écureuil, entendant qu'on tapait du pied au bas de son arbre.

— C'est nous, les lapins. On revient de notre spectacle de claquettes pour lequel on a répété toute l'année. On n'a pas eu une minute pour faire notre sapin. Tu n'aurais pas deux ou trois décorations à nous prêter ?

— Tenez, prenez ces boules et ces guirlandes, voilà de quoi faire un beau sapin bleu et argenté.

— Merci, écureuil, et joyeux Noël !

— Bon, si ça continue comme ça, je n'aurai plus rien pour décorer mon sapin », se dit l'écureuil.

Il eut à peine le temps de poser sa patte sur la première marche de son escalier en colimaçon qu'on grattait encore à sa porte.

« Quoi encore ? dit l'écureuil un peu énervé.

— C'est moi, le mulot. Je viens d'être papa d'un petit bébé mulot ! Alors, le sapin de Noël, ça m'est un peu passé au-dessus des oreilles. Tu ne pourrais pas me dépanner de deux ou trois décorations ?

— Mes félicitations et voilà de quoi décorer toute ta maison ! »

Et l'écureuil lui tendit ses dernières décorations.

Quand il referma sa porte, il ne lui restait plus rien pour décorer son sapin : ni boules, ni guirlandes, ni cœurs en pain d'épices. Rien !

« Ce n'est pas possible, se dit l'écureuil qui ne se laissait pas abattre facilement. Je ne vais tout de même pas fêter Noël sans un beau sapin décoré ! Voyons, qu'est-ce que je pourrais trouver pour remplacer les décorations que j'ai données ? Des casseroles et des couverts ? Non, ça ne fera pas l'affaire ! Des chaussures et des chaussettes ? Ça fera bête ! Des boutons et des rubans ? Ça fera trop gnangnan ! »

Soudain, il aperçut dans un coin ses sacs de noisettes de réserve pour l'hiver.

« Ça y est, je sais, je vais décorer mon sapin avec des noisettes ! Je ferai des trous dedans, passerai un joli fil doré, les peindrai de mille couleurs acidulées et le tour sera joué. »

Il travailla toute la nuit et, le lendemain, il invita ses amis : « Regardez mon beau sapin couvert de noisettes colorées, leur dit-il. Ça, c'est un vrai sapin d'écureuil, foi de moi ! »

Un Noël dans une drôle de famille

Plus que huit jours avant Noël, mais Jérémie et Matthieu n'ont le cœur à rien. Même leur amie Julie n'arrive pas à les distraire.

« Hé, les deux grognons, c'est quoi cette tête de cochon ?

— Cette année, on sera juste avec nos parents pour Noël, dit Jérémie. D'habitude, on est au moins quinze à table !

— Nous aussi, soupire Julie. Mais mon père travaille le 24 et le 26. On ne peut pas partir dans le Sud. »

Jérémie s'exclame : « Vous n'avez qu'à passer le réveillon avec nous. » Julie rosit de plaisir.

« C'est une idée géniale, mais alors, c'est nous qui apportons la bûche ! »

Quand la cloche retentit, les trois amis courent voir Lili, à la pâtisserie.

« Bonjour, Lili, dit Julie. Une bûche pour sept, pour Noël, c'est possible ?

— Bien sûr, dit Lili. Ça va être gai chez vous.

— Ce sera super ! Et toi, tu fais quoi ? demande Matthieu.

— Rien de spécial. Je travaille tellement tard que je ne peux inviter personne.
— Eh bien, cette année, tu dînes avec nous », dit Jérémie.
Julie et Matthieu le regardent, médusés.
« Les parents, j'en fais mon affaire, dit Jérémie en souriant à Lili.
— Vous êtes des amours, dit Lili, ravie. J'apporterai des macarons et plein de bonbons ! »

Dans la rue, les trois amis chantent *Petit papa Noël* à pleins poumons.

Monsieur Amédée, l'épicier, les regarde, amusé : « C'est bientôt Noël, hein ?
— Oui, dit Julie, et cette année ce sera extraordinaire.
— Vous en avez de la chance. Moi, je ne ferai rien de spécial », soupire Amédée tout gêné.
Les amis se regardent. Puis ils s'exclament en chœur :
« Venez réveillonner avec nous ! Nos parents sont d'accord !
— Vous êtes trop gentils, dit l'épicier d'une voie enrouée. J'apporte la dinde aux marrons. Pour combien de personnes ?
— Quinze, dit Matthieu, l'air très sérieux. On trouvera certainement d'autres invités surprise d'ici là, non ? »

Et finalement, Matthieu ne se trompait pas.
Au début, ses parents ont fait une drôle de tête et puis, eux aussi, ils ont invité des gens qui étaient tout seuls.
Aidés par Maman, les garçons ont dressé une table de roi et les invités sont venus les bras chargés de paquets.
Ce fut un soir de Noël vraiment enchanté.

La machine à rêves du père Noël

Au village du père Noël, les lettres d'enfants qui commandent des jouets arrivent du monde entier. Les sacs de courrier s'entassent et forment une pyramide géante devant la maison des lutins.

« Il y a chaque année plus de lettres, grogne Toudou.

– Nous n'arriverons jamais à tout lire », ajoute Gouzi.

De sa maison, le père Noël surprend leur conversation.
« Pas de panique, les lutins, dit-il. J'ai inventé une machine extraordinaire, la "machine à lire les rêves d'enfants". Suivez-moi. »
Au milieu de l'usine de jouets, ils découvrent une drôle de machine qui ressemble étrangement au père Noël !
Soudain, ses yeux clignotent, ses joues roses s'illuminent et sa bouche s'anime : « Bonjour, je suis la machine à lire les rêves d'enfants, dit-elle. Glissez le courrier dans ma bouche-boîte aux lettres. Je le lis à votre place et je vous donne la liste des jouets à fabriquer. »
Les lutins n'en croient pas leurs yeux. Mais le père Noël interrompt leur rêverie : « Au travail, les lutins. Allez vite chercher les lettres des enfants. »
Les lutins organisent une longue farandole qui part du sommet de la pyramide de courrier jusqu'à la machine à lire.

Gouzi, le dernier lutin, glisse une à une les lettres d'enfants dans la bouche-boîte aux lettres qui se met à parler : « Juliette rêve d'une trottinette, Hugo voudrait un vélo, Yvette demande une dînette… »

La machine à lire travaille à toute allure. Sa bouche avale des centaines de lettres et dévoile aux lutins les rêves secrets des enfants du monde.

Aussitôt, ils se mettent à l'ouvrage et fabriquent des trottinettes, des vélos, des dînettes, des tambours, des poussettes…

Soudain, la machine à lire s'exclame :

« Pour Noël, Chloé voudrait un petit frère ! »

Les lutins sont bien embêtés.

« Nous ne savons pas fabriquer les bébés », s'exclame Gouzi.

La machine à lire leur sourit et répond :

« Si vous fabriquiez un poupon à notre petite Chloé.
Je crois qu'elle serait ravie de s'en occuper !

— Bonne idée, s'écrient en chœur les lutins.
Les petites filles adorent les poupons.
Elle va pouvoir en prendre soin,
lui donner un biberon, lui changer
ses couches, le promener, l'habiller.
Et pour le petit frère, laissons
Chloé rêver ! »

Le père Noël a besoin d'aide !

Là-haut dans le ciel, à mille lieues de la Terre, le père Noël se prépare à partir pour la grande tournée des jouets. Attelés au traîneau, ses huit fidèles rennes l'attendent dans la nuit glacée de Noël. Le père Noël coiffe son bonnet, chausse ses bottes, enroule son écharpe autour du cou, enfile son doux manteau rouge… Et soudain, il s'écrie : « Saperlipopette, j'ai perdu mes gants blancs ! » Il a beau chercher dans l'armoire, sur la table, sous les coussins du canapé et même dans la cheminée, pas moyen de les retrouver.
Le père Noël peste : « Si j'avais écouté les lutins, j'aurais attaché mes gants à mon manteau. Tant pis pour moi, je vais avoir bien froid ! » Mais le temps presse !
Le père Noël se hâte jusqu'à son traîneau et lance le départ :
« Mes amis les rennes, en voiture : les enfants nous attendent ! »
Guidés par le père Noël qui connaît la route par cœur, les rennes s'élancent droit devant, dans le ciel.

Soudain, la neige se met à tomber à gros flocons et un vent glacial s'abat sur la nuit de Noël. Bien emmitouflés dans leur fourrure d'hiver, les rennes galopent courageusement dans la tempête. Mais sur le traîneau, c'est une autre affaire ! Le père Noël a les mains rougies par le froid. Impossible de guider plus longtemps ses huit fidèles rennes ! À toute allure, ils se mettent à tournoyer dans le ciel, entraînant dans une folle farandole le traîneau, les cadeaux et le père Noël. Le père Noël a beau crier : « Arrêtez-vous, arrêtez-vous ! » le vent souffle si fort que les rennes ne l'entendent pas. À force de tourner et de tourner encore dans le ciel, le père Noël et les rennes sont complètement étourdis ! Mais rien ne peut les arrêter ! Heureusement, la ronde infernale des rennes fait résonner les grelots du traîneau dans le ciel. Pelotonnés dans leur nid, les oiseaux de l'hiver se réveillent.

Une famille de mésanges donne l'alerte : « Tous à vos postes, le père Noël a des ennuis ! »
En un clin d'œil, tourterelles, mésanges, oies sauvages s'élancent à tire-d'aile jusqu'au traîneau. D'un adroit coup de bec, les tourterelles et les oies sauvages tirent sur les brides et freinent les rennes. Mais que font les mésanges ? Toutes ensemble, elles ouvrent grand leur bec et soufflent, soufflent sur les mains du père Noël.
Le père Noël sent une douce chaleur lui réchauffer les mains. Enfin, il réussit à remuer un doigt, puis deux, puis trois… jusqu'à dix. Il bouge ses deux mains ! Il fait repartir le traîneau, escorté par les mésanges, les oies sauvages et les tourterelles. La neige s'est arrêtée, la bise est tombée. Les rennes prennent de la vitesse et filent tout droit vers la Terre.
« Petits oiseaux, murmure le père Noël, nous allons atterrir sur cette maisonnette. Je vais me glisser dans la cheminée et la grande tournée de jouets va enfin commencer ! »

18 décembre

La chorale des anges

« Bon, c'est pas bientôt fini ce chahut, s'impatienta l'archange Michel en tapant sur son pupitre avec sa baguette de chef de chœur. La répétition va commencer ! Je vous rappelle que Noël, c'est dans six jours, et qu'on a encore du pain sur la planche ! Au boulot ! »

Les anges gagnèrent leur place en traînant les ailes. Depuis le 1er décembre, ils répétaient tous les jours et ils commençaient à en avoir un peu assez.

« Évidemment, toujours en retard ! dit l'archange Michel au retardataire, l'ange Raphaël, qui tentait de se faufiler discrètement.
Et en plus, il manque du monde !
Où est l'ange Gabriel ?
— Dans son lit. Il a la grippe, répondit l'ange Haniel.
Quelle chance il a ! » ajouta-t-il tout bas.

« Eh bien, tant pis pour les tire-au-flanc !
Ange Camaël, donnez-moi un *la*, s'il vous plaît. »
L'ange Camaël souffla de toutes ses forces dans sa trompette, mais aucun son n'en sortit.
« Alors, j'attends ! Que se passe-t-il ?
— Je ne sais pas, je ne comprends pas », dit l'ange Camaël.
Et il retourna sa trompette. En tomba un gros chiffon, qui empêchait l'air de passer ! Tous les anges éclatèrent de rire !
« Ah bravo ! Vous croyez qu'on a du temps à perdre avec ce genre de plaisanterie ! Un peu de sérieux, tout de même.
Allez, un, deux, trois :
"Les anges dans nos campagnes ont entonné l'hymne des cieux…" »
Et les anges se mirent à chanter.
« Arrêtez, arrêtez, c'est une catastrophe ! cria l'archange Michel, les deux ailes sur les oreilles. Il n'y a pas deux anges qui chantent juste ! Et vous là-haut, ange Tzadkiel, vous le faites exprès ! Vous chantez si fort que vous allez tous nous rendre sourds !
— À la dernière répétition, vous avez dit de donner de la voix, alors moi, je donne de la voix, répondit l'ange Tzadkiel.
— Donner de la voix ne veut pas dire hurler ! Bon, recommençons ! Un, deux, trois… »

Et les anges se remirent à chanter.

« Non, arrêtez, pitié, de grâce pour mes oreilles, dit l'archange Michel, qui commençait à s'arracher les plumes des ailes. Mais qu'est-ce qui vous arrive ? Vous chantez comme des casseroles !

— C'est que les copains et moi, oh ! pas tous évidemment, on a mis des boules de coton dans les oreilles parce qu'on n'arrive pas à garder chacun notre voix quand on chante ensemble, répondit l'ange Haniel.

— Quoi ! Vous voulez dire que la moitié de la chorale a les oreilles bouchées ! Vous plaisantez ?

— Non, rougirent les anges.

— Et je m'étonne que vous brayiez comme des ânes ! Mais chanter ensemble, c'est écouter les autres ! Écoutez-moi : *Laaaa...,* chanta l'archange Michel. À vous !

— *Laaaa...,* chantèrent les anges.

— Vous voyez, vous chantez juste. Enlevez vos bouchons d'oreilles et allons-y. »

Et le jour de Noël, les anges laissèrent leurs boules de coton au placard et leur hymne magnifique s'éleva dans les cieux. Les plumes de leurs ailes en frissonnèrent de plaisir !

La surprise du père Noël

Au pays du père Noël, là-haut dans les nuages, règne un grand remue-ménage. Dans leur dortoir, les lutins ne veulent pas se lever, les lutins ne veulent pas travailler !

« J'ai fabriqué des poupées jusqu'à minuit. Je n'en peux plus, je reste au lit ! chouine Bernie.

– Je n'ai pas assez dormi, grogne Fripon. Je reste sous mon édredon. »

Perlin, le plus vieux lutin, tente de les raisonner : « Si nous n'allons pas travailler, les enfants seront privés de jouets ! »

Mais, pour toute réponse, Perlin n'a droit qu'à un immense concert de ronflements. Les lutins se sont rendormis, tant pis pour lui !

Vite, Perlin court prévenir le père Noël.

« Père Noël, les lutins sont fatigués. Ils refusent de travailler », dit-il.

Le père Noël se lisse la moustache et se gratte la barbe. Puis il répond : « Pauvres lutins, ils doivent être épuisés : ils ont fabriqué tant de jouets. Si je leur préparais une surprise pour les remercier. »

Tout doucement, le père Noël confie sa surprise dans l'oreille de Perlin. Puis il ajoute : « Va vite te coucher. Et à ton réveil, dis aux lutins qu'une surprise les attend ce soir à la clairière des rennes ! »

Pendant ce temps, le père Noël court à l'usine à jouets. À pas de velours, il fait sortir les jouets jusqu'à la clairière des rennes. Et là, que se passe-t-il en cachette ? Seuls le père Noël et Perlin sont au courant !

Au dortoir, les lutins ont appris la nouvelle.

« Tu connais la surprise du père Noël ? demande Fripon à Perlin.

– Moi ? Bien sûr que non », répond Perlin en retenant un sourire.

Les lutins se pressent alors jusqu'à la clairière des rennes. Là-bas, les arbres ornés de lanternes scintillent de mille feux. Des centaines de petites chaises sont disposées en cercle.

Le père Noël fait son entrée et annonce : « Petits lutins, cette année, vous avez vraiment bien travaillé. Pour vous remercier, voici la grande parade des jouets ! »

La clairière se transforme alors en magnifique piste de cirque.

Les singes mécaniques battent la mesure.

Les chevaux à bascule font un tour de piste.

Les caniches en peluche sautent dans des cerceaux de bois.

Tout à coup, les poupées s'élancent dans le ciel et font un numéro de trapèze. Elles voltigent dans les airs, gracieuses comme des papillons.

Mais déjà, les ours en peluche improvisent une pyramide, applaudis par les poupons.

Les camions de pompier et les petites voitures défilent en faisant résonner leurs klaxons.

Les lutins applaudissent si fort qu'ils ne sentent plus leurs menottes. Soudain, le père Noël et tous les jouets se rassemblent et soufflent des milliers de bulles de savon sur la piste. On dirait une tempête de neige magique ! Les lutins ébahis s'écrient : « Merci, père Noël, ce spectacle a effacé notre fatigue. Demain, nous continuerons à fabriquer les plus beaux jouets pour les enfants du monde ! »

Depuis, chaque année, là-haut dans les nuages, le père Noël organise la grande parade des jouets, pour le plus grand plaisir des lutins.

20 décembre

L'étoile des animaux du zoo

Il faisait un froid de canard. Il neigeait tant que les animaux du zoo n'y voyaient pas plus loin que le bout de leur museau. Les traces que faisaient leurs pattes dans la neige étaient immédiatement effacées par des tourbillons de flocons, gros comme des œufs d'autruche.

De mémoire d'éléphant, on n'avait jamais vu ça.

« Comment va-t-on faire cette année pour voir l'étoile du berger ? se plaignit le zébu bourru. Si on ne la voit pas, ça ne sera pas vraiment Noël ! Il manquera quelque chose !

— Toi, le perroquet, sur ton perchoir, tu ne vois rien ? demanda le lion.

— Rien à l'horizon, capitaine !

— Et toi, la girafe, avec ton long cou, tu ne vois rien du tout ?

— Rien du tout, même avec ma longue-vue ! »

Le lion envoya même le colibri en éclaireur : il vola aussi haut qu'il put mais, quand il redescendit, il claquait du bec et n'avait rien vu.

« Si ça se trouve,
elle a disparu, l'étoile
du berger, et comme il neige,
personne ne s'en est aperçu !
lança le zébu bourru.
— Il faut en avoir le cœur net ! dit le singe
malin. J'ai une idée : on va tous grimper
les uns sur les autres, on fera
une immense tour d'animaux qui
montera dans le ciel, jusqu'à l'étoile
du berger. Allez, les plus costauds en
dessous, les plus légers au-dessus. »
Les éléphants du zoo se mirent à
la base de la pyramide, avec
les ours et les hippopotames.
Les pandas, les zèbres, les lions
leur grimpèrent dessus. Vinrent
les antilopes, les cochons, les tapirs.
Paresseux, koalas et singes
s'entassèrent comme ils purent.
Les oiseaux se posèrent sur leurs pattes.
Et le plus petit et le plus léger de tous
les animaux du zoo, la puce, sauta
jusque tout en haut.

« Alors ? Alors ? Alors ? répétèrent tous les animaux, sauf ceux du bas qui ne pouvaient plus parler tant leur effort était intense.

— Ça y est, je la vois, elle est bien là ! » cria la puce en sautant de joie.

Mais catastrophe, les petits sauts de la puce, aussi minuscules furent-ils, produisirent des vibrations dans la tour d'animaux qui commença à pencher à droite, puis à gauche, puis un peu plus à droite. Les éléphants, les ours et les hippopotames avaient bien du mal à maintenir ce château branlant au-dessus de leur tête.

Et patatras : les singes commencèrent à tomber un par un en se tenant par la queue, les cochons firent des vols planés, les antilopes tombèrent sur les hippopotames, ce qui amortit un peu leur chute, et les éléphants furent assommés par les tapirs. Ce fut une belle pagaille !

Le lendemain, le gardien du zoo trouva ses animaux dans un piteux état : des entorses, des bleus, des bosses, des yeux pochés, plein de petits bobos. Il leur demanda ce qui s'était passé au zoo la nuit précédente. Ils montrèrent le ciel avec leurs pattes. Le gardien se dit qu'ils étaient tous devenus fous !

Pas de souliers devant la cheminée

Il était une fois, dans un petit village, un cordonnier du nom de Jean. Il adorait faire des chaussures, les réparer, les ressemeler, les lustrer. Il travaillait si bien que les villageois se contentaient d'avoir une seule paire de souliers qu'ils gardaient longtemps : ils les déposaient le soir et revenaient les chercher à l'aube, réparés et cirés. Jean avait un fils, Pierre, qui aidait souvent son père au magasin. Et Pierre aimait faire des petites blagues aux clients qui venaient rechercher leurs chaussures :

« Bonjour, monsieur Coropied, voilà vos escarpins rouges !

– C'est quoi cette histoire ! Je ne porte pas de chaussures de femme, moi, seulement mes bons gros godillots de montagne !

– C'était une blague, monsieur Coropied. Voilà vos godillots et à bientôt ! »

À l'approche de Noël, Pierre eut une idée qu'il trouva grandiose : s'il gardait toutes les chaussures de tous les habitants du village chez lui, lorsque le père Noël passerait, c'est chez lui qu'il viendrait livrer tous les cadeaux ! Et Pierre aurait les surprises de tout le monde pour lui tout seul !

Le lendemain, deux clients vinrent chercher leurs souliers : « Non, désolé, Papa dort encore. Repassez plus tard », répondit Pierre. Et à une autre dans l'après-midi : « Non, désolé, Papa n'a pas eu le temps de finir son ouvrage. Revenez. »

Sa réponse fut la même pour tous les villageois qui voulaient récupérer leurs chaussures : rien n'était prêt, il fallait attendre au moins un mois.

Petit à petit, on assista à un étrange spectacle dans les rues du village : certains ne quittaient plus leurs chaussons et se promenaient donc avec leurs pantoufles aux pieds dans la neige.

D'autres avaient ressorti leurs chaussures d'été : ils étaient en sandalettes, mais avec de grosses chaussettes !

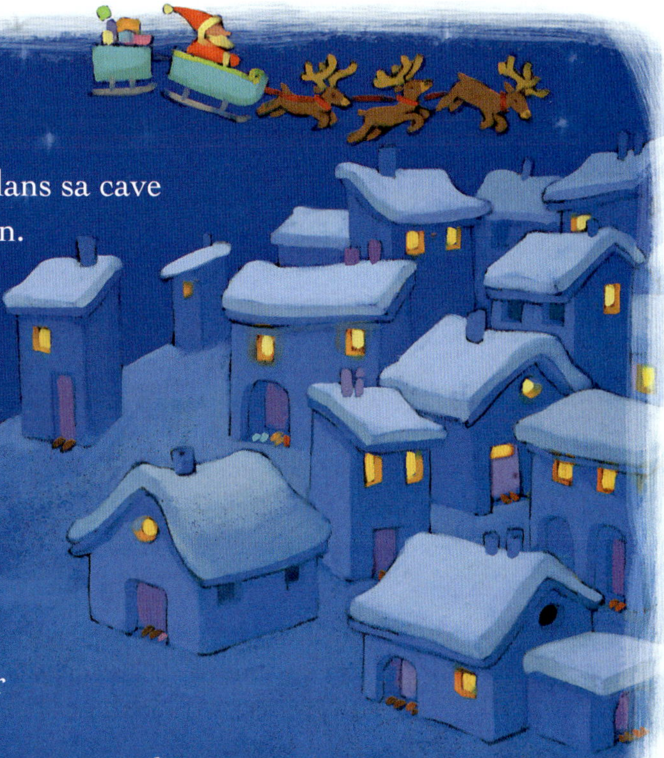

Le soir de Noël, le cordonnier descendit dans sa cave
à la recherche d'une bonne bouteille de vin.
Et que découvrit-il ?
Des chaussures de toutes sortes qui
s'entassaient jusqu'au plafond.
« Qu'est-ce que c'est que toutes
ces chaussures dans la cave ?
demanda-t-il à Pierre.
— J'ai gardé les chaussures des gens
pour avoir plus de cadeaux,
répondit Pierre, tout penaud.
— Ça ne va pas, non ! On ne va pas priver
les gens de leurs cadeaux !
Nous allons rendre immédiatement ces chaussures à leurs propriétaires !
En route, mauvaise troupe ! »
Et Jean et son fils passèrent la soirée à déposer chaque paire de chaussures
sur le paillasson de chaque maison du village.
Quand le père Noël passa en traîneau, il fut bien étonné : « Oh, oh, je suis
dans un drôle de village, ici ! Les chaussures ne sont pas devant la cheminée,
mais devant la porte d'entrée. D'un autre côté, c'est gentil pour moi, ça m'évite
de passer par la cheminée ! »
Et le père Noël déposa tous les cadeaux à côté des chaussures sous
les porches des maisons.
Le lendemain matin, chacun trouva devant sa porte non seulement
les cadeaux dont il avait rêvé, mais aussi ses souliers adorés !
« C'est la magie de Noël ! » s'écrièrent-ils tout joyeux.

22 décembre

Le gâteau Margot

Dans la cuisine, mamie Berthe s'active, mamie Berthe s'affaire, elle prépare le repas de Noël. Mais Margot, elle, a l'impression qu'on l'oublie.

« Mamie Berthe, je m'ennuie, soupire-t-elle.

– Si tu faisais un gâteau pendant que je cuisine la dinde ? propose-t-elle.

– Mais je ne sais pas faire ! gémit Margot.

– Un gâteau, c'est comme une histoire : il suffit d'inventer ! » répond mamie Berthe.

Et hop, elle coiffe Margot d'une toque de cuisinier et l'habille avec un tablier.

« Maintenant, c'est toi le chef ! » s'exclame-t-elle.

Le nez en l'air, Margot se met à rêver. Elle imagine qu'un petit prince tombe des nuages. Il est tout perdu, il entre dans sa cuisine et lui demande de lui faire découvrir son village. Margot attrape la farine, la lance dans les airs. « D'abord, prince, ici, il neige. » Puis, Margot verse de l'huile sur la farine : « Là, c'est le lac du village, sur lequel tous les enfants font du patin à glace. »

Margot verse quelques gouttes de fleur d'oranger : « Fermez les yeux, vous êtes au milieu des sapins de la forêt qui borde le lac.

Et ça, c'est le givre qui se dépose sur leurs branches », dit Margot en lançant au prince un peu de sucre. Et ils rient tous deux aux éclats ! Puis Margot mélange lentement tous les ingrédients.
« Maintenant, nous allons construire ensemble une maison ! »
Aussitôt dit, aussitôt fait ! Margot fait cuire son mélange dans le four, et découpe le fin gâteau pour faire les murs et le toit de la maison. Ils font des trous pour les fenêtres et la porte et collent tout ensemble avec de la confiture. Elle fabrique des tuiles en fruits confits.
Mais on dirait que le petit prince des nuages fait la moue !
Margot réfléchit et dit : « Vous avez raison, il manque une cheminée pour que le père Noël puisse entrer ! »
En un clin d'œil, Margot dispose noix et noisettes sur le toit en fruits confits. Avec un quartier d'orange, voilà Dame Lune qui illumine la nuit de Noël.
Le petit prince est content maintenant ! Mais chut, voilà mamie Berthe qui entre dans la cuisine. Psitt !
D'un coup, le petit prince s'évanouit dans les airs.
Mamie Berthe s'écrie : « Tu as dû inventer une belle histoire, Margot, ton gâteau est magnifique !
Baptisons-le le gâteau Margot !
— Oh, mais où est le petit prince qui m'a aidée à faire mon gâteau ?
Il a disparu ? Je ne le vois plus ! soupire Margot.
— Ne t'inquiète pas, sourit mamie Berthe. Il reviendra certainement quand tu cuisineras ton prochain gâteau ! En attendant, coupe vite une part et mets-la devant la cheminée pour le père Noël.
Je suis sûre qu'il n'a jamais rien mangé d'aussi bon ! »
Et le soir de Noël, le père Noël goûte effectivement le gâteau Margot.
« Hum, dit-il, c'est une bonne maison ici, où l'on fait de la bonne cuisine !
Je reviendrai avec plaisir l'année prochaine ! »

23 décembre

Qui a cambriolé le père Noël ?

« Pom, pom, pom, chantonne le père Noël, tout guilleret. Ce soir, c'est ma grande tournée. Aucun enfant ne sera oublié ! » Il enfile son beau costume rouge bordé de fourrure blanche, son bonnet et ses bottes fourrées, attrape sa grande hotte en osier, ouvre la porte de l'atelier à jouets et… catastrophe ! Le père Noël n'en croit pas ses yeux. Voitures téléguidées, poupées, ours en peluche, tout a disparu ! Le père Noël sent la moutarde lui monter au nez. De sa grosse voix, il appelle ses amis lutins, ceux qui fabriquent les jouets : « Saperlipopette de saperlipopette ! Les lutins, on a volé tous vos jouets. » Aussitôt, tous les lutins accourent, affolés. « Oh non, c'est vraiment pas juste, pleure Clémentine, la plus petite des lutines. Après tout le mal qu'on s'est donné…

— Et les petits enfants qui n'auront rien au pied du sapin », se lamente Félicien, le roi des lutins.

Le père Noël regarde sa montre : « Mes amis, pas de panique ! Il nous reste dix heures pour retrouver nos jouets. Quant à ce coquin de voleur, il va passer un sale quart d'heure, foi de père Noël ! » Il prend Félicien et Clémentine sur ses épaules, et les voilà partis tous les trois dans la neige et le froid. Félicien s'écrie : « Regardez, père Noël, les traces des voleurs, là, près de l'atelier ! » Le père Noël découvre des empreintes de grosses pattes, grandes comme une poêle à frire. Et à côté, des traces de pattes larges comme les assiettes d'une dînette ; et puis aussi, une troisième série d'empreintes, comme si on avait traîné quelque chose par terre.

« Ce sont nos jouets qu'ils ont traînés ? demande Clémentine.

— Pour le savoir, les amis, suivons ces traces », lance le père Noël, qui marche d'un pas décidé, malgré la neige qui tombe sur eux à gros flocons. Bientôt, le père Noël a de la neige jusqu'aux genoux, puis jusqu'au ventre. Il marche longtemps, très longtemps.

« Père Noël, sommes-nous perdus ? » demande Clémentine, tout angoissée. Le père Noël est bien embêté. Heureusement, Félicien s'écrie : « Là-bas ! » Et de son minuscule doigt de lutin, il montre une petite lumière qui brille entre les flocons.

Vite, vite, de la neige
jusque sous les bras, le père Noël arrive
devant un igloo. À l'intérieur, on entend des
rires, des chants. « Sortez de là », crie le père Noël
d'une voix forte. Silence… Et puis la grosse truffe
noire de Bébert, l'ours polaire, sort de l'igloo, suivie
du fin museau argenté de Bernard,
le renard bleu, et de la grosse tête ronde de Bartok, le
phoque. « Les traces, c'était vous ! s'écrie Félicien.
— Vous n'avez pas honte ? gronde le père Noël.
— Rendez-nous nos jouets ! exige Clémentine.
— Les paquets sont dans notre igloo,
disent les trois animaux, honteux.
— On est désolés, mais on est les seuls à ne pas avoir
de cadeaux, grogne le phoque.
— Alors qu'on habite tout à côté de chez vous »,
reproche Bébert l'ours.
Le père Noël éclate de rire :
« Vous avez raison, c'est injuste.
— Dès l'année prochaine, vous nous enverrez
votre liste », dit Clémentine.
Et c'est ainsi qu'au petit matin, comme tous
les matins de Noël depuis très, très, très longtemps,
les petits enfants sautèrent de joie en découvrant
les jolis jouets que le père Noël et ses amis
avaient déposés dans leurs souliers.

24 décembre

Le merveilleux Noël du petit berger Judicaël

Judicaël soupire d'aise, regarde le ciel bleu de la nuit, les étoiles qui scintillent, la lune qui rit. Quel bonheur que son Papa ait bien voulu l'emmener, cette nuit, pour garder les moutons !

« Tu vois toutes ces étoiles, là ? dit Papa. C'est la Grande Ourse. Et à côté, c'est la Petite Ourse.

— Et cette étoile, là, qui brille plus que toutes les autres, qu'est-ce que c'est ? demande Judicaël en pointant son petit doigt.

— Je ne l'ai jamais vue, mon garçon.

C'est peut-être le signe qu'un événement extraordinaire est en train de se produire… »

Sous les yeux stupéfaits de Judicaël et de son Papa, une vive lumière s'étend sur les prés et les éclaire comme en plein jour.
Un bel ange avec de grandes ailes, tout de blanc vêtu, apparaît.
Judicaël se serre fort contre son Papa.
« N'ayez pas peur, dit l'ange d'une voix douce. Je viens vous annoncer une grande nouvelle. Aujourd'hui, un bébé est né. C'est lui, celui qui doit apporter le bonheur sur la Terre ! Vous le trouverez dans une étable, couché dans la mangeoire des animaux. Allez vite le voir !
Pour le trouver, suivez l'étoile. » Et l'ange disparaît.
« Papa, dépêche-toi, dit Judicaël en sautillant sur place.
Regarde l'étoile, elle file à toute vitesse. »
Judicaël et son Papa suivent l'étoile, qui les fait passer à travers bois, à travers champs, à travers la petite ville de Bethléem qui dort paisiblement.
Bientôt, elle s'arrête au-dessus d'une petite étable.
Tout timides, Judicaël et son Papa frappent à la porte.
« Entrez », disent une voix d'homme et une voix de femme. Judicaël s'avance le premier. L'homme et la femme lui sourient, ils ont l'air si gentils !

Et puis Judicaël le voit, tout endormi, si petit.
Il s'approche, avec son Papa, de la mangeoire
où dort le bébé.
« Mais il va avoir froid, ce bébé », dit Judicaël, tout inquiet.
Il se tourne vers les deux animaux de l'étable,
un vieil âne et un bœuf, qui ronflent avec application.
« Hé, vous, les gros dormeurs ! On se réveille !
On a besoin de vous ! »
Et il met leurs grosses têtes sur la mangeoire.
« Maintenant, vous soufflez ! Et sans arrêter.
— Pschou ! Pschou ! » De gros nuages de vapeur
chaude entourent le bébé, qui sourit aux anges
dans son sommeil. Quelle nouvelle incroyable : le roi
du bonheur est né ! Il est là. Et il s'appelle… « Il s'appelle
Jésus », dit la femme d'une voix douce. Quand Judicaël
et son Papa quittent l'étable, ils vont vite prévenir
tous leurs amis. Le jour se lève, Judicaël n'a pas
dormi du tout, mais il n'est même pas fatigué.
« Oh, Papa, merci de m'avoir emmené avec
toi cette nuit ! dit le petit berger.
Cette nuit est la plus merveilleuse
de ma vie ! »

Joyeux…

Noël !…

Certifié PEFC
Ce produit est issu de forêts gérées durablement et de sources contrôlées
PEFC
PEFC/18-31-330
www.pefc.org

Achevé d'imprimer en août 2018 par Canale en Italie
N° d'édition : 18213-02
Dépôt légal : octobre 2017
Ce livre a été imprimé sur du papier issu de forêts exploitées en gestion durable et avec des encres végétales respectueuses de l'environnement.